Lieb, Leid und Zeit und Ewigkeit

Das »Halleluja« ist vielleicht dreitausend Jahre alt. Oder sind es viertausend? Man schätzt, dass es siebentausend Sprachen gibt, Dialekte und ausgestorbene Sprachen nicht mitgezählt. In fast alle dürfte das hebräische »Lobet ... So alt es ist und so weit verbreitet, so unterschiedlich ka... d gebieterisch, begeistert und voller Jubel, dankbar wie ... er Tränen des Schmerzes oder des Zorns, als schreiender ... t, wieder und wieder in einem endlos meditativen Reigen, ... ein paradoxer Segen, dass die ursprünglichen Vertonung... en Israel unbekannt sind. Denn so kann jede Zeit und Kultur sich diese fremden vier Silben nehmen, sich ihren eigenen Reim auf sie machen, eine neue Melodie dazu erfinden, sie in der Tonlage singen, die ihr seelisch und musikalisch gegeben ist. Dabei kann sie Unerhörtes erfinden oder in den verstaubten Schatzkammern der Tradition nach Wiederentdeckungen stöbern. Nicht alles wird lange halten, manches ist bald wieder verklungen, anderes mag seinen Weg zu vielen Menschen finden. In diesem Singen, Wiedersingen, Neu- und Anderssingen über die Epochen, Kontinente, Kulturen und Sprachen hinweg zeigt sich die Lebendigkeit des Glaubens und der Musik.

Das vorliegende kleine Liederbuch versteht sich als Teil dieser unendlichen Bewegung. Einer seiner Ausgangspunkte war das wohl beliebteste »Halleluja« der Gegenwart, dasjenige von Leonhard Cohen – ob man es frei übersetzen und wohl auch im Gottesdienst und im Konzert, mit einem Chor oder einem kleineren Ensemble singen kann? Denn neue und andere »Hallelujas« brauchen auch wir heute, und dieses schlägt einen Ton an, der womöglich noch gefehlt hat: warm und sehnsüchtig, Herz und Sinne vielschichtig beflügelnd, dabei kunstvoll, innig wiegend, ins Offene wogend. Von hier aus haben wir nach weiteren Liedern gesucht, die wir bisher vermisst haben, ohne es recht zu ahnen. Dies sind Lieder, die vom Leben und Glauben singen, ihn aber nicht vorschreiben, die einen freien Ton anschlagen, die es ernst meinen, aber nicht belehren, die wie romantische Wünschelruten dort ausschlagen, wo eine lebendige Quelle verborgen sein könnte, in der Suchen und Finden sich unvermittelt begegnen.

Auf unserer Liedersuche haben wir vieles ausprobiert, einige Umwege genommen und manche Sackgasse vermessen oder akzeptieren müssen, wenn vergebene Rechte auf berühmte Songs Textbearbeitungen als Übersetzungen oder Neudichtungen untersagen. Auf die Originale verzichten mochten wir dennoch nicht. Wir haben übersetzt, neu gedichtet, neu komponiert, ausgegraben und entstaubt. Dabei haben wir viel gelernt. Zum Beispiel, dass der Gegensatz zwischen alt und neu viel weniger bedeutet, als man gemeinhin annimmt. Oder wie anspruchsvoll und herausfordernd es ist, ein einfaches Lied zu schreiben. Das mag uns in Zukunft vor schnellen Urteilen über ungeliebte Lieder und Choräle der Tradition oder weniger begeisternde Neukompositionen der Gegenwart bewahren. Und wir haben gelernt, was für eine Bereicherung und Freude es ist, es überhaupt zu versuchen mit dem Liedermachen, wenn man es nur gemeinsam tut, sich die nötige Zeit dafür gönnt, die Geduld nicht verliert und sich überraschen lässt von der musikalischen und geistlichen Kraft anderer.

Herausgekommen ist so ein Heft mit vierundzwanzig Liedern für den Morgen, den Tag und den Abend. Einige kommen aus dem Englischen, allerdings aus sehr unterschiedlichen Epochen und Kontexten. Manche sind aus dem Brunnen der deutschen Lyrik geschöpft. Andere entstammen dem »Great American Songbook«, sind Klassiker heutiger Popularmusik. Jetzt liegen sie vor, für vier Stimmen gesetzt, auf Papier gedruckt, von Paul Klees Engeln freundlich begleitet. Doch damit sie lebendig werden, braucht es Chöre, Ensembles und Gemeinden – kleine und größere Gruppen, die sie entdecken, singen und dabei ausprobieren, ob dies ihre eigenen Lieder werden könnten.

Neben die Lust, uns kund zu tun, haben wir darum auch abwägend die Frage gestellt: Wen möchten wir erreichen? Und warum? Welche Sehnsucht Anderer gleicht der unseren: Nach neuen Texten? Nach neuer Musik? Lässt sich das überhaupt unabhängig voneinander fassen? Als Antwort darauf haben wir versucht, die eigene Bereicherung durch die Vielfalt der Fragen an das Leben und seine Spiritualität in daran geknüpfter textlicher und musikalischer Vielfalt zu spiegeln – in Bekanntem und Unbekanntem, in Einkehr und Ausgelassenheit. Ausschlaggebende Form dafür war das Lied, das seinen Weg über die Lippen des Einsamen wie der Gemeinschaft findet. Das Lied, das als Mittler von Gemeinschaft im Klang eine universelle Verbundenheit herstellt, die durch nichts anderes erreichbar ist. Die Sprache einer Melodie braucht keine Übersetzung.

Darum sollten diese Lieder in ihrer Melodie vom Schwierigkeitsgrad her für alle singbar sein und mit dem dazugehörigen Chorsatz eine Vielstimmigkeit ermöglichen, die nie so komplex ist, dass sie nur von professionellen Sängerinnen und Sängern beherrschbar, aber gleichzeitig so interessant und geistreich ist, dass sie auch für die Geübten und mit dem umfänglichen klassischen Repertoire hinlänglich Vertrauten Lust zum Gebrauch und Freude am Unerwarteten und Neuen mit sich bringt. So haben wir vielen Facetten des Liedes Raum gegeben: dem Lied der Landstraße, dem Madrigal, dem Choral, dem Kunstlied, dem Song. Auch ein Kanon der Liebe hat sich dazu gesellt. Sie alle sind gern verführerisch und lassen sich auf ziemlich alles ein - ob als schwebend gesummter Hintergrund oder volltönender Gesang, als Aufmunterung oder Trost, gepfiffen auf dem Rad oder als Ohrwurm im Büro. Jedes ist eine Ode an das Leben.

Als Titel für diese Vielfalt haben wir den letzten Vers des Gedichts »Was reif in diesen Zeilen steht« (1835) von Clemens Brentano (1778–1842) gewählt. Es ist uns nah und vertraut als Sinnbild der Romantik und des mit ihr verbundenen Aufbruchs zur Sprachfähigkeit der eigenen Seele, der sich besonders in dieser Epoche mit großem Staunen eines neuen sprachlichen Ausdrucks und einer neuen Lust an der Erkenntnis bemächtigt hat. Zu lange ist die evangelische Kirchenmusik einer anti-romantischen Tendenz gefolgt. In »Lieb, Leid und Zeit und Ewigkeit« bildet sich im Wechselspiel zwischen Himmel und Erde, eigenem und Welterleben und der damit verbundenen poetischen Einfassung von Wirklichkeit das Leben eines Tages ab, wie wir ihn für das Liederbuch als Rahmen gewählt haben. Symbolisch stehen die vierundzwanzig Lieder für die das Produkt der ersten vier Grundzahlen (1 × 2 × 3 × 4) und die Verbindung von Erde und Mensch (4 × 6) abbildenden vierundzwanzig Stunden des Tages – für den Lauf der Zeit zwischen Erwachen und Einschlafen, für alle Unmittelbarkeit des Aufbrechens und Innehaltens, vom Morgenzauber bis zur Abendstille, von frohen und sauren Stunden, von bangem Harren und glücklicher Ausgelassenheit. Mit Ausnahme des »Call/Ruf« von George Herbert, eindrücklich vertont von Ralph Vaughan Williams, der ähnlich auf der Suche nach der Seele des (Volks)liedes war wie beispielsweise Johannes Brahms oder Zoltán Kodály (1882–1967), stammen alle Texte aus den vergangenen 250 Jahren. Sie können es im Alter also nicht mit den alten Madrigalen und Chorälen der Reformationszeit oder den vielfach vertrauten Liedern Paul Gerhardts (1607–1676) aufnehmen. Aber sie haben diese stärkend im Rücken und bringen in der spürbaren Vertrautheit mit den Versen Joseph von Eichendorffs oder Walt Whitmans (1819–1892) und deren individuell erweitertem Ausdruck eine neue Ich-Präsenz ein: Als Kinder ihrer Zeit, als Einladung zu fühlbarer, machtvolle Distanz auflösender Nähe, als Ausdruck der Wertigkeit des eigenen Erlebens in seiner Unvergleichbarkeit, als Ermutigung und Anlass zur Begegnung. Im Singen erblüht dieses Ich im Wir, löst die Zunge und schafft in der Anknüpfung an das eigene Erleben eine Berührung, die keine Allgemeingültigkeit und Einigkeit erwartet, sondern ihr über die individuelle Erfahrbarkeit in der Gegenwärtigkeit des Singens die Türen öffnet und den klingenden Moment in eine endlose Gegenwart überführt. Das eigene, unaussprechliche Seelenlabyrinth findet Entsprechung in der Seelensprache des Liedes, es weiß sich darin aufgehoben und verstanden. Unser Erleben wird im singenden und hörenden Erleben des Liedes lebendig und darin mündig. Das Lied wird fühlbarer Ausdruck der eigenen inneren Bühne und wirbt klingend um Kontakt – so jedenfalls ist unsere Erfahrung mit der hier vorgestellten Auswahl.

In die musikalische Auswahl haben es neben Neukompositionen wie die Vertonungen zweier Gedichte Hermann Hesses einige Klassiker der Musikgeschichte geschafft. Dabei sind deren hier vertretene Werke in ihrem sonstigen Œuvre eher Randerscheinungen, wie Felix Mendelssohn Bartholdys »Neujahrslied« nach Johann Peter Hebel, die Vertonung Joseph von Eichendorffs »Der Einsiedler« unter dem Titel des ersten Verses »Komm, Trost der Welt« von Christan Lahusen oder das Abendlied »Guten Abend, gut´ Nacht« in der Melodie von Johannes Brahms. Bei diesen Liedern haben wir entgegen üblicher Gepflogenheit jeweils alle Strophen aufgeführt oder noch neue Verse hinzugefügt, um der Schönheit der Melodien Genüge zu tun. Auch die Kontrafaktur, eine beliebte Praxis (nicht nur) der Reformationszeit, mit Hilfe bekannter, eingängiger Melodien neue Intentionen zu verbreiten, haben wir genutzt – etwa bei Liedern von Nikolaus Selnecker und Johann Steurlein, des Heinrich Schütz-Neffen Heinrich Albert oder Christan Lahusen. Deren Melodien offenbaren in der Loslösung von der Zeit ihre ewige Augenblicklichkeit und laden in tönender Hingabe beispielhaft zu nachhaltigem Mehrfachgebrauch.

Andere Lieder, wie die von William A. Dunkerley/Alexander R. Reinagle und John H. Newman/John B. Dykes haben wir bei Aufenthalten in der Ferne eingesammelt und mitgenommen, weil ihre Tradition dort derart anrührend und verbindend war, dass sie auch uns hier gern über die Lippen gehen können. Bei wieder anderen Liedern, wie denen von Jochen Klepper/Rudolf Zöbeley und Georg Thurmair/Adolf Lohmann, sind zu der ersten oder zweiten bekannten Strophe neue hinzugekommen, um sie in unserem Leben und unserer Zeit neu zu verankern. Im Kontext dieser klassischen Lieder hat der Münchner Sebastian N. Myrus (*1977), selbst auch gefragter Konzertsänger und Mitglied exklusiver Solistenensembles wie Vox Luminis und Athesinus Consort Berlin sowie des Collegium Vocale Gent und der Netherlands Bach Society, neue Sätze und Verse beigesteuert. Herzlichen Dank dafür.

Ein Gutteil der hier versammelten Lieder hat sich aus dem Radio, über CDs und Konzerte zu uns auf den Weg gemacht und uns derart verzaubert, dass wir sie hier dem weiteren Gebrauch zugänglich machen wollen. Das sind einerseits zwei Lieder des Meißener Liedermachers Gerhard Schöne, die hier beispielhaft für sein funkelndes Firmament Herz und Sinne berührender Lieder stehen. Andererseits sind es Songs, die Welthits geworden sind und ihre Kraft täglich neu verschenken: Leonard Cohens »Hallelujah«, Marvin Gays »God is love«, Eric Claptons »Tears in Heaven« und »Ol' 55« von Tom Waits. Da Lied und Song der Zeit in ihrer Individualisierung und personellen Gebundenheit kaum mehr über klassische Notation, sondern im unmittelbaren Prozess entstehen, lassen sie sich nicht einfach einfangen und bequem auf Papier bringen. Dass dies doch so nah wie möglich an den Originalen und in der Um- und Übersetzung von Instrumenten in einen Chorsatz trefflich gelungen ist, dafür zeichnen der Berliner Carsten Gerlitz (*1966), erfahrener Komponist und Arrangeur unter anderem für Max Raabe und Ute Lemper und selbst mit Leib und Seele Chorleiter seiner »Happy Disharmonists«, sowie der Mainzer Christoph J. Drescher (*1982), der sich sowohl als Jazz-Pianist und Arrangeur als auch als Konzertsänger und Mitglied verschiedener Ensembles wie des Athesinus Consorts Berlin oder der Cappella Amsterdam einen Namen gemacht hat. Zu seinen Arrangements liegen bei Bedarf zusätzlich Klavierbegleitungen vor. Auch ihnen Beiden danken wir herzlich!

Torsten Schlarbaum im Notensatz und Ralf Klöden in der grafischen Gestaltung haben schließlich allem Sinn in vielen Stunden die passende Form gegeben. Danke!

Klaus-Martin Bresgott und Johann Hinrich Claussen

Paul Klee: Engel voller hoffnung, 1939, 892; Bleistift auf Papier auf Karton; 29,5 x 21 cm; Zentrum Paul Klee, Bern

Du weckst mich alle Morgen

Text, Strophen 2 bis 4:
Klaus-Martin Bresgott (*1967)
Melodie: Rudolf Zöbeley (1901–1991)
Arrangement: Christoph J. Drescher (*1982)

17
mf
S
A
1. Du weckst mich al - le Mor - gen, Du weckst mir
2. Du schenkst mir im Er - wa - chen den Man - tel
mf
T
B
22
selbst das Ohr. Du hälst Dich nicht ver - bor -
neu - er Kraft, lässt mei - ne See - le la -
27
gen, führst mir den Tag em - por, dass ich mit dei - nem
chen und Dei - ne Nä - he schafft, dass ich voll Stau - nen
33
Wor - te, be - grüß' das neu - e Licht.
se - he die Schön - heit Dei - ner Welt
neu - e
Dei - ner

38
1.
Schon an der Dämm - rung Pfor - te bist Du mir
mit al - lem Wohl und We -
43
2.
nah und sprichst. he, das mich be - wegt und hält.
49
3. Ich spür' den Mut der Träu - me, geh' kraft - voll
4. Will-kom - men, Mor - gen - stun - de, will - kom - men
54
in den Tag, bau' Brun - nen, pflan - ze Bäu -
hier und jetzt! Du mei - ne Zeit, Du wun -

59
S
A
me, steh' mit Dir auf und wag' den neu - en
de, so schön zu gu - ter Letzt. Ich will Dich
T
B
64
Weg, der ret - tet die Welt und Dich und mich,
mit - ge - stal - ten, be - wahr'n so bunt und frei,
70
wir sind nicht an - ge - ket - tet, Du lässt uns
als Dein Gast Dich er - hal - ten, mein Gott, hilf
75
1.
2.
rit.
nicht im Stich.
mir da - bei.

Salz für die Zeit/Ol' 55

Originaltext: Tom Waits (*1949)
deutscher Text: Klaus-Martin Bresgott (*1967)
Melodie: Tom Waits (*1949)
Arrangement: Christoph J. Drescher (*1982)

6
G
Bm
S
hal - te ich in - ne, öff - ne die Sin - ne und dann
pulled a - way slow - ly, feel - ing so ho - ly, God knows
A
Ooh
Ooh
T
Ooh
Ooh
B
Ooh
Ooh
8
Cadd2
Dsus4 G/D Dsus4
S
bin ich für dich be - reit: Für den
I was feel - ing a - live. Now the
A
Ooh Für den
Ooh Now the
T
Ooh Für den
Ooh Now the
B
Ooh Ooh Für den
Ooh Ooh Now the

10
G Bm Cadd2 Dsus4
S
Tag, für sein Licht, das
sun's com - ing up, I'm
A
Tag, für sein Licht, das
sun's com - ing up, I'm
T
Tag, für sein Licht, das
sun's com - ing up, I'm
B
Tag, für den Tag, für sein Licht, Doo das
sun's Now the sun's com - ing up, Doo I'm
12
G Bm Cadd2 Dsus4
S
Leuch - ten, das zu mir spricht,
rid - ing with La - dy Luck,
A
Leuch - ten, das zu mir spricht,
rid - ing with La - dy Luck,
T
Leuch - ten, das zu mir spricht,
rid - ing with La - dy Luck,
B
Leuch - ten, das zu mir spricht, Doo Ooh
rid - ing with La - dy Luck, Doo Ooh

14
G Bm7 Cadd2 Cadd2/D
S
zeig' mir dein Ge - sicht: Got - tes Far - ben, so
Free - way, cars and trucks. Stars be - gin - ning to
A
zeig' mir dein Ge - sicht: Doo Doo Doo Got - tes Far - ben, so
Free - way, cars and trucks. Doo Doo Doo Stars be - gin - ning to
T
zeig' mir dein Ge - sicht: Doo Doo Doo Got - tes Far - ben, so
Free - way, cars and trucks. Doo Doo Doo Stars be - gin - ning to
B
zeig' mir dein Ge - sicht: Doo Doo
Free - way, cars and trucks. Doo Doo
17
G C/G G Cadd2/D G C/G G
S
bunt, tun sich weich da - rauf kund.
fade and I lead the pa - rade.
A
bunt, Doo Ooh tun sich weich da - rauf kund. Doo Ooh
fade Doo Ooh and I lead the pa - rade. Doo Ooh
T
bunt, Doo Ooh tun sich weich da - rauf kund. Doo Ooh
fade Doo Ooh and I lead the pa - rade. Doo Ooh
B
Doo Doo Doo Doo Doo
Doo Doo Doo Doo Doo

20
Cadd2/D
Em7
S
Du er-wachst und du strahlst wie neu ge-bo - ren,
Just a wi - shin' I'd stayed a lit-tle long - er
A
Du er - wachst und strahlst
Just a wish I'd stayed
T
Du er - wachst und strahlst
Just a wish I'd stayed
B
Du er - wachst und strahlst
Just a wish I'd stayed
22
A7
Cadd2/D
S
mein Gott: ich weiß, wir sind hier nicht ver-lo - ren. 2. Wur-zeln
oh Lord, I know the feel-ing get-ting strong-er. 2. And it's
A
Ooh Aah Doo 2. Wur-zeln
Ooh Aah Doo 2. And it's
T
Ooh Doo Doo Doo Doo Doo
Ooh Doo Doo Doo Doo Doo
B
Ooh Doo Doo Doo
Ooh Doo Doo Doo

25
G
Bm
S
spür'n und er - grün - den, I - de - en ent - zün - den, Wun-
six in the morn - ing, gave me no warn - ing, I
A
spür'n und er - grün - den, I - de - en ent - zün - den, Wun-
six in the morn - ing, gave me no warn - ing, I
T
Doo Doo Doo Doo Doo Doo Doo Doo Doo Doo Doo Doo
Doo Doo Doo Doo Doo Doo Doo Doo Doo Doo Doo Doo
B
Doo Doo Doo Doo Doo Doo Doo Doo
Doo Doo Doo Doo Doo Doo Doo Doo
27
C
C/D
G
C/G
G
S
- der seh'n und sein in der Welt.
had to be on my way.
A
- der seh'n und sein in der Welt. Ih - re
had to be on my way. Well, there's
T
Doo Doo Doo Doo Doo Doo
Doo Doo Doo Doo Doo Doo
B
Doo Doo Doo Doo Doo Doo
Doo Doo Doo Doo Doo Doo

29
G
Bm
S
Doo Doo Doo Doo Doo Doo Doo Doo
Doo Doo Doo Doo Doo Doo Doo Doo
A
Fül - le ent - de - cken, be - wah - ren und schme - cken,
trucks all a - pas - sin’ me and the lights all are flash - ing
T
Doo Doo Doo Doo Doo Doo Doo Doo
Doo Doo Doo Doo Doo Doo Doo Doo
B
Doo Doo Doo Doo Doo Doo Doo Doo
Doo Doo Doo Doo Doo Doo Doo Doo
31
Cadd2
Dsus4 G/D Dsus4
D.S. al Coda
S
Doo Doo Doo Doo Ooh Für den
Doo Doo Doo Doo Ooh Now the
A
an - kern in dem, was uns er - hält: Für den
I’m on my way home from your place. Now the
T
Doo Doo Doo Doo Doo Für den
Doo Doo Doo Doo Doo Now the
B
Doo Doo Doo Doo Doo Für den
Doo Doo Doo Doo Doo Now the

33
G
Bm
S
Ooh
Ooh
A
Doo 3. Mei - ne Stim - me er - he - ben, Doo
Doo 3. And my time went so quick - ly, Doo
T
Doo 3. Mei - ne Stim - me er - he - ben, nie-mals auf-ge - ben,
Doo 3. And my time went so quick - ly, I went li - cke - ty - split - ly
B
Doo 3. Mei - ne Stim - me er - he - ben, nie-mals auf-ge - ben,
Doo 3. And my time went so quick - ly, I went li - cke - ty - split - ly
36
C
C/D
G C/G G
G
S
Doo Doo Doo
Doo Doo Doo
A
Ooh Doo Doo
Ooh Doo Doo
T
Sand sein und Salz für die Zeit. Gott, ich spür' dich im Rü - cken,
out to my ol' fif - ty five. As I pulled a - way slow - ly
B
Sand sein und Salz für die Zeit. Doo
out to my ol' fif - ty five. Doo

39
Bm
Cadd2
Dsus4 G/D Dsus4
S
bau' mit dir Brü - cken, Aah Für den
feel-ing so ho - ly, Aah Now the
A
Doo Doo Ooh Aah Für den
Doo Doo Ooh Aah Now the
T
bau' mit dir Brü - cken, und ich öff-ne die Flü-gel weit: Für den
feel-ing so ho - ly, God knows I was feel-ing a - live. Now the
B
Ooh Doo Aah Für den
Ooh Doo Aah Now the
42
G Bm Cadd2 Dsus4 G Bm
S
Tag, für sein Licht, das Leuch-ten, das zu mir spricht,
sun's com - ing up, I'm rid - ing with La-dy Luck,
A
Tag, für sein Licht, das Leuch-ten, das zu mir
sun's com - ing up, I'm rid - ing with La - dy
T
Tag, für sein Licht, das Leuch-ten, das zu mir
sun's com - ing up, I'm rid - ing with La - dy
B
Tag, für den Tag, für sein Licht, Doo das Leuch-ten, das zu mir
sun's, now the sun's com - ing up, Doo I'm rid - ing with La - dy

45
Cadd2 Dsus4 G Bm Cadd2
S
zeig' mir dein Ge - sicht:
Free - way, cars and trucks.
A
spricht, zeig' mir dein Ge - sicht: Doo Doo Doo
Luck, Free - way, cars and trucks. Doo Doo Doo
T
spricht, zeig' mir dein Ge - sicht: Doo Doo Doo
Luck, Free - way, cars and trucks. Doo Doo Doo
B
spricht, Doo Ooh zeig' mir dein Ge - sicht: Doo
Luck, Doo Ooh Free - way, cars and trucks. Doo
48
Cadd2/D G C/G G Cadd2/D
S
Got - tes Far - ben, so bunt, tun sich weich da - rauf
Stars be - gin - ning to fade and I lead the pa -
A
Got - tes Far - ben, so bunt, Doo Ooh tun sich weich da - rauf
Stars be - gin - ning to fade Doo Ooh and I lead the pa -
T
Got - tes Far - ben, so bunt, Doo Ooh tun sich weich da - rauf
Stars be - gin - ning to fade Doo Ooh and I lead the pa -
B
Doo Doo Doo Doo
Doo Doo Doo Doo

51
G C/G G Cadd2/D Em7
S
kund. Du er-wachst, und du strahlst wie neu ge-bo - ren,
rade Just a wi - shin' I'd stayed a lit-tle long - er,
A
kund. Doo Ooh Du er - wachst und strahlst
rade Doo Ooh Just a wish I'd stayed
T
kund. Doo Ooh Du er - wachst und strahlst
rade Doo Ooh Just a wish I'd stayed
B
Doo Doo Du er - wachst und strahlst
Doo Doo Just a wish I'd stayed
54
A7 Cadd2/D
S
mein Gott: ich weiß, wir sind hier nicht ver - lo - ren. Für den
oh Lord, I know the feel-ing get-ting strong-er. Now the
A
Ooh Aah Doo
Ooh Aah Doo
T
Ooh Doo Doo Doo Doo Doo
Ooh Doo Doo Doo Doo Doo
B
Ooh Doo Doo Doo Für den
Ooh Doo Doo Doo Now the

57
G D7sus4/G Gsus4 G D7sus4/G
S
Tag, für sein Licht, das Leuch - ten, das zu mir spricht,
sun's com - ing up, I'm rid - ing with La - dy Luck,
A
Aah Aah
Aah Aah
T
Aah Aah
Aah Aah
B
Tag, für sein Licht, das Leuch - ten, das zu mir spricht,
sun's com - ing up, I'm rid - ing with La - dy Luck,
60
Cadd2 Cadd2/D G Bm Cadd2 Cadd2/D
S
zeig' mir dein Ge - sicht:
Free - way, cars and trucks.
A
zeig' mir dein Ge - sicht:
Free - way, cars and trucks.
T
zeig' mir dein Ge - sicht:
Free - way, cars and trucks.
B
zeig' mir dein Ge - sicht:
Free - way, cars and trucks.

63
G
Cadd2
Cadd2/D
G
Bm7
S
zeig' mir dein Ge - sicht:
Free - way, cars and trucks.
zeig' mir dein Ge - sicht:
Free - way, cars and trucks.
A
Ooh
Ooh
Ooh
Ooh
T
Ooh
Ooh
Ooh
Ooh
B
Ooh
Ooh
Ooh
Ooh
66
Cadd2
Cadd2/D
G
C/G
G
S
Doo Doo Doo Doo Doo Doo
Doo Doo Doo Doo Doo Doo
A
Doo
Doo
Doo Doo Ooh
Doo Doo Doo
T
Doo
Doo
B
Doo Doo
Doo Doo
Doo
Doo

Morgenlied

für Anne

Text: Klaus-Martin Bresgott (*1967)
Melodie: Heinrich Albert (1604–1651)
Satz: Sebastian N. Myrus (*1977)

9
S
A
him - mel - weit, im Kleid der E - wig - keit. Du, Zau - ber
Wei - ten ___ hin, er - wär - me Herz _ und _ Sinn. In al - le
dei - ne ___ Glut macht mei - nem Her - zen _ Mut. Dein Leuch - ten,
al - le ___ Zeit, ich bin für dich _ be - reit. Du, Wun - der
9
T
him - mel - weit, im Kleid der E - wig - keit. Du, Zau - ber
Wei - ten hin, er - wär - me Herz und Sinn. In al - le
dei - ne Glut macht mei - nem Her - zen Mut. Dein Leuch - ten,
al - le Zeit, ich bin für dich be - reit. Du, Wun - der
B
ter Schein, im Kleid der E - wig - keit. Du, Zau - ber
des Haus, er - wär - me Herz _ und Sinn. In al - le
men mag, macht mei - nem Her - zen Mut. Dein Leuch - ten,
ge geht, ich bin für dich _ be - reit. Du, Wun - der
13
1. - 3.
4.
S
A
him - mel - weit, im Kleid der E - wig - keit.
Wei - ten _ hin, er - wär - me Herz _ und Sinn.
dei - ne _ Glut macht mei - nem Her - zen Mut.
al - le _ Zeit, ich bin für dich _ be - reit.
13
T
him - mel - weit, im Kleid der E - wig - keit.
Wei - ten _ hin, er - wär - me Herz _ und _ Sinn.
dei - ne _ Glut macht mei - nem Her - zen _ Mut.
al - le _ Zeit, ich bin für dich _ be - reit.
B
him - mel - weit, im Kleid der E - wig - keit.
Wei - ten hin, er - wär - me Herz und Sinn.
dei - ne Glut macht mei - nem Her - zen Mut.
al - le Zeit, ich bin für dich be - reit.

Paul Klee: Schellen-Engel, 1939, 966; Bleistift auf Papier auf Karton; 29,5 x 21 cm; Zentrum Paul Klee, Bern

God is Love

Text: Marvin Gaye (1939–1984), Anna Gordy Gaye (1922–2014), Elgie Stover (1938–2011), James Nyx Jr. (1914–1998)
Melodie: Marvin Gaye (1939–1984)
Arrangement: Carsten Gerlitz (*1966)

8
E♭/F
S
1. He made this world for us to live in,
2. He loves us wheth - er or not we know it
3. And when we call Him for mer - cy,
A
God is love!
1. He made this world for us to live in,
2. He loves us wheth - er or not we know it
3. And when we call Him for mer - cy,
T
God is love!
1. He made this world for us to live in,
2. He loves us wheth - er or not we know it
3. And when we call Him for mer - cy,
B
God is love, God is love, us to live in,
mh, we know it
when we call Him
11
Fm7add9
B♭7(sus4)
B♭7
S
He gave us ev' - ry - thing
and He'll for - give our sins,
He'll be mer - ci - ful, my friend.
A
God is love, love, God is love,
T
God, He gave us ev' - ry - thing, ev' - ry -
God, and He'll for - give our sins, He'll for -
He'll be mer - ci - ful, my friend. My
B
God He gave us ev' - ry - thing, He gave us ev' - ry -
God, and He'll for - give our sins, for - give us, He'll for -
He'll be mer - ci - ful, my friend. be mer - ci - ful, my

13
Ebmaj7 Bb/D Cm7 Eb/F Bbmaj7
S
and all He asks of us is we give each oth-er love.
A
and all He asks of us is we give each oth-er love.
T
thing, God is love! is we give each oth-er love.
give, God is love!
friend, God is love!
B
thing, God is love! is we give each oth-er love.
give, God is love!
friend. God is love!
17
Ebmaj7 Dm7 Cm7 Ebmaj7 Dm7
S
God is love, love your moth - er! God is
A
God is love! God is
T
God is love! God is
B
God is love! Your moth - er! God is

20
Cm7 Ebmaj7 Dm7 Cm7
S
love! Love your fa - ther! God is love! Love your sis - ter!
A
love! Love your fa - ther! God is love! Love your sis - ter!
T
love! Your fa - ther! God is love! Your sis - ter!
B
love! Your fa - ther! God is love! Your sis - ter!
23
Ebmaj7 Dm7 Cm7 Ebmaj7 Eb/F
S
God is love! Love your broth - er!
A
God, He is love! God is love! Love your broth - er!
T
God is love! Love your broth - er!
B
God is love! Love your broth - er!
D.S. (3. Vers, ohne Wiederholung) al Coda
slow rit.
Bbmaj7 Eb/F Bb
God is my friend!
God is my friend!
God is my friend!
God is my friend!

God is Love

deutsche Fassung

deutscher Text: Johann Hinrich Claussen (*1964)
Melodie: Marvin Gaye (1939–1984)
Arrangement: Carsten Gerlitz (*1966)

8
Eb/F
S
1. Er hat für uns die Welt er - schaf - fen,
2. Er liebt uns, ob wir's ah - nen o - der nicht,
3. Wenn ich ihn su - che, wenn ich nach ihm ruf',
A
God is love!
1. Er hat für uns die Welt er - schaf - fen,
2. Er liebt uns, ob wir's ah - nen o - der nicht,
3. Wenn ich ihn su - che, wenn ich nach ihm ruf',
T
God is love!
1. Er hat für uns die Welt er - schaf - fen,
2. Er liebt uns, ob wir's ah - nen o - der nicht,
3. Wenn ich ihn su - che, wenn ich nach ihm ruf',
B
God is love, God is love,
Welt er - schaf - fen,
ob, o - der nicht,
ich nach ihm ruf',
11
Fm7add9
Bb7(sus4)
Bb7
S
hat al - les uns ge - schenkt.
ruft uns zu sich zu - rück.
hört er mich, ist für mich da.
A
God is love, God is love,
T
Gott hat al - les uns ge - schenkt. Er hat
Gott ruft uns zu sich zu - rück. Ruft uns
Gott hört mich, ist für mich da. Ja er
B
Gott hat al - les uns ge - schenkt. God is love! Er hat
Gott ruft uns zu sich zu - rück. God is love! Ruft uns
Gott hört mich, ist für mich da. God is love! Ja er

13
E♭maj7
B♭/D
Cm7
E♭/F
B♭maj7
S
Dass wir ein-an - der lie-ben, ist schon al - les, was er _ will. _
A
Dass wir ein-an - der lie-ben, ist schon al - les, was er will. _
T
al - les ge - schenkt. ist schon al - les, was er will. _
zu sich zu - rück.
ist für mich da.
B
al - les ge - schenkt. ist schon al - les, was er will. _
zu sich zu - rück.
ist für mich da.
17
E♭maj7
Dm7
Cm7
E♭maj7
Dm7
S
God is love, liebt uns al - le. God is
A
God is love! God is
T
God is love! God is
B
God is love! _ Uns al - le. God is

20
Cm7
Ebmaj7 Dm7
Cm7
S
love! Liebt uns al - le. God is love! Liebt uns al - le.
A
love! Liebt uns al - le. God is love! Liebt uns al - le.
T
love! Uns al - le. God is love! Uns al - le.
B
love! Uns al - le. God is love! Uns al - le.
slow rit.
23
Ebmaj7 Dm7 Cm7 Ebmaj7 Eb/F
Bbmaj7 Eb/F Bb
S
God is love! Liebt uns al - le.
Gott ist dein Freund.
A
God, He is love, God is love! Liebt uns al - le.
Gott ist dein Freund.
T
God is love! Liebt uns al - le.
Gott ist dein Freund.
B
God is love! Liebt uns al - le.
Gott ist dein Freund.
D.S. (3. Vers, ohne Wiederholung) al Coda

In Christ there is …
Kein Ost, kein West …

Originaltext: William Arthur Dunkerley (1852–1941)
deutscher Text: Johann Hinrich Claussen (*1964)
Melodie: Alexander R. Reinagle (1799–1877)
Arrangement: Carsten Gerlitz (*1966)

8
S
one great fel - low - ship of love through - out the whole wide
gibt es gar nichts, was uns trennt, vor Gott sind al - le
A
one great fel - low - ship of love through - out the whole wide
gibt es gar nichts, was uns trennt, vor Gott sind al - le
T
one great fel - low - ship of love through - out the whole wide
gibt es gar nichts, was uns trennt, vor Gott sind al - le
B
one great fel - low - ship of love through - out the whole wide
gibt es gar nichts, was uns trennt, vor Gott sind al - le
11
S
mp
earth. Ooh ooh doo doo doo 2. In
gleich. Uh uh du du du 2. Nicht
A
mp
earth. Ooh doo doo doo doo doo doo doo doo doo
gleich. Uh du du du du du du du du du
T
mp
earth. Ooh doo doo doo doo doo doo doo doo doo doo
gleich. Uh du du du du du du du du du du
B
mp
earth. Doo doo doo doo doo
gleich. Du du du du du

15
S
A
T
B
Him shall true hearts eve - ry - where their high com - mun - ion
schwarz, nicht weiß, nicht Mann, nicht Frau, in Chris - tus sind wir
mf
doo doo doo eve - ry - where their high com - mun - ion
du du du Mann, nicht Frau, in Chris - tus sind wir
doo doo doo eve - ry - where their high com - mun - ion
du du du Mann, nicht Frau, in Chris - tus sind wir
doo doo eve - ry - where their high com - mun - ion
du du Mann, nicht Frau, in Chris - tus sind wir
18
find; His ser - vice is the gold - en cord, close
eins, nicht alt, nicht jung, nicht schwach, nicht stark, hier
find; Doo doo doo His ser - vice is the gold - en cord, close
eins, du du du nicht alt, nicht jung, nicht schwach, nicht stark, hier
find; Doo doo doo His ser - vice is the gold - en cord, close
eins, du du du nicht alt, nicht jung, nicht schwach, nicht stark, hier
find; Doo His ser - vice is the gold - en cord, close
eins, Du nicht alt, nicht jung, nicht schwach, nicht stark, hier

22
S
mp
bind - ing hu - man - kind. Ooh ooh doo doo
zählt nicht meins, nicht deins. Uh uh du du
A
mp
bind - ing hu - man - kind. Ooh doo doo doo doo doo doo
zählt nicht meins, nicht deins. Uh du du du du du du
T
mp
bind - ing hu - man - kind. Ooh doo doo doo ooh doo doo doo
zählt nicht meins, nicht deins. Uh du du du du du du du
B
mp
bind - ing hu - man - kind. doo doo doo doo
zählt nicht meins, nicht deins. du du du du
26
S
mp
doo 3. Join hands, then, mem - bers of the faith, what -
du 3. Kommt al - le, die ihr sucht und glaubt, zu
A
doo doo doo hands, then, mem - bers of the faith, what -
du du du al - le, die ihr sucht und glaubt, zu
T
doo doo doo ooh mem - bers of the faith, what -
du du du uh die ihr sucht und glaubt, zu
B
doo ooh
du uh

29
S
mf
ev - er your race may be! Who
Chris - tus, sei - nem Wort. Kommt,
A
ev - er race may be! doo doo doo Who
Chris - tus, sei - nem Wort. du du du Kommt,
T
ev - er race may be! doo doo doo Who
Chris - tus, sei - nem Wort. du du du Kommt,
B
may be! Who
sein Wort. Kommt,
32
S
mp
serves my Fa - ther as His child is sure - ly kin to me. Ooh
die ihr euch nach Frie - den sehnt, hier - her, dies ist der Ort. Uh
A
mp
serves my Fa - ther as His child is sure - ly kin to me. Ooh
die ihr euch nach Frie - den sehnt, hier - her, dies ist der Ort. Uh
T
serves Him as His child is sure - ly kin to me.
die ihr euch nach Frie - den sehnt, hier - her, dies ist der Ort.
B
serves Him as His child is sure - ly kin to me.
die ihr euch nach Frie - den sehnt, hier - her, dies ist der Ort.

36
S
ooh doo doo doo 4. In Christ now meet both
uh du du du 4. Kein West, kein Ost, nicht
A
doo doo doo doo doo doo doo doo doo him him
du du du du du du du du du hm hm
mp
T
Doo doo doo doo doo doo doo doo doo doo him him
Du du du du du du du du du du hm hm
B
Doo doo doo doo doo him him
Du du du du du hm hm
40
S
East and West, in Him meet North and South; All
Nord, nicht Süd, wir wol - len Men - schen sein. Vor
A
him him no East or West, North and South; All
du wir wol - len Men-schen sein. hm Vor
T
him him him no East or West, North and South; All
du wir wol - len Men - schen sein. hm Vor
B
him him him him East West, North and South;
du wir wol - len Men - schen sein. hm Vor

44
S
Christ - ly souls are one in Him through - out the whole wide
ihm fällt al - les, was uns trennt, er lädt uns al - le
A
Christ - ly souls are one in Him through - out the whole wide
ihm fällt al - les, was uns trennt, er lädt uns al - le
T
Christ souls one in Him through - out the whole wide
ihm fällt al - les, was uns trennt, er lädt uns al - le
B
Christ souls one in Him through - out the whole wide
ihm fällt al - les, was uns trennt, er lädt uns al - le
47
rit.
p
S
earth. Ooh Ooh doo doo
ein. Uh kein West mh
A
earth. In Christ there is no East or West, North or South!
ein. Kein West, kein Ost, nicht Nord, nicht Süd, mh
T
earth. Ooh ooh doo North or South!
ein. Mh uh mh mh
B
earth. ooh
ein. mh

Lead, kindly Light
Bring mich nach Haus

Originaltext: John Henry Newman (1801–1890)
deutscher Text: Johann Hinrich Claussen (*1964)
Melodie: John Bacchus Dykes (1823–1876)
Arrangement: Carsten Gerlitz (*1966)

12
S
A
on; Keep thou my feet; I do not ask to
on; I loved the gar - ish day, and spite of
gone, and with the morn those an - gel fac - es
T
B
Haus. Zeig mir den Weg, zeig ihn mir Schritt für
hin. Halt du mich fest, vie - les be - greif' ich
Macht. Aus mei - nem Dun - kel holt mich dei - ne
16
S
A
see the dis - tant scene; One step e - nough for
fears, pride ruled my will; Re - mem - ber not past
smile, which I have loved long since, and lost a -
T
B
Schritt, durch all die frem - den Stra - ßen geh' du
nicht, schick' aus der Fer - ne mir dein kla - res
Hand, ich grüß' den Tag und geh ins wei - te
20
1. - 2.
3.
S
A
me. Ooh, ooh Lead thou me on! 2. I
years. Ooh, ooh Lead thou me on! 3. So
while. Ooh, ooh Lead thou me on!
T
B
mit. Ooh, ooh Bring mich nach Haus. 2. Ich
Licht. Ooh, ooh Bring mich nach Haus. 3. So
Land. Ooh, ooh Bring mich nach Haus.

Ruf
The Call

Originaltext: George Herbert (1593–1633)
deutscher Text: Johann Hinrich Claussen (*1964)
Komposition: Ralph Vaughan Williams (1872–1958)

Hallelujah

Text: Leonhard Cohen (1934–2016)
Melodie: Leonhard Cohen (1934–2016)
Arrangement: Carsten Gerlitz (*1966)

5
C Am C Am
S
1. heard there was a se - cret chord that Da - vid played, and it pleased the Lord but
2. faith was strong but you need - ed proof. You saw her bath - ing on the roof, her
3. Ba - by I've been here be - fore I know this room, I've walked this floor, you
mp
A
ooh ooh but
her
you
T
ooh ooh but
her
you
mp
B
ooh doo doo doo doo but
her
you
7
F Gsus4 G C F G
S
you don't real - ly care for mu - sic, do you? Well it
beau - ty and the moon - light o - ver - threw you. She
know I used to live a - lone be - fore I knew you. And I've
A
you don't real - ly care for mu - sic, do you? doo doo doo
beau - ty and the moon - light o - ver - threw you.
know I used to live a - lone be - fore I knew you.
T
you don't real - ly care for mu - sic, do you? doo doo
beau - ty and the moon - light o - ver - threw you.
know I used to live a - lone be - fore I knew you.
B
you don't real - ly care for mu - sic, do you? doo doo
beau - ty and the moon - light o - ver - threw you.
know I used to live a - lone be - fore I knew you.

9
C F G Am F
S
goes like this, the fourth, the fifth, the mi - nor fall and the ma - jor lift, the
tied you to a kitch - en chair, she broke your throne and she cut your hair and
seen your flag on mar - ble arch and live is not a vic - to - ry march, it's
A
mh the fourth, the fifth, the mi - nor fall and the ma - jor lift, the
a kitch - en chair, she broke your throne and she cut your hair and
on mar - ble arch and live is not a vic - to - ry march, it's
T
mh the fourth, the fifth, the mi - nor, the ma - jor lift,
a kitch - en chair, your throne and she cut your hair
on mar - ble arch live is not a vic - to - ry march,
B
ooh the ma - jor lift,
she cut your hair
a vic - to - ry march,
11
G E Am F
S
baf - fled king com - pos - ing Hal - le - lu - jah. Hal - le - lu - jah, Hal - le -
from your lips she drew the Hal - le - lu - jah.
cold and it's a bro - ken Hal - le - lu - jah.
A
baf - fled king com - pos - ing Hal - le - lu - jah. Hal - le - lu - jah, Hal-
from your lips she drew the Hal - le - lu - jah.
cold and it's a bro - ken Hal - le - lu - jah.
T
baf - fled king com - pos - ing Hal - le - lu - jah. Hal - le - lu - jah, Hal - le -
from your lips she drew the Hal - le - lu - jah.
cold and it's a bro - ken Hal - le - lu - jah.
B
king com - pos - ing Hal - le - lu - jah. Hal - le - lu-jah,
ooh, she drew the Hal - le - lu - jah.
it's a bro - ken Hal - le - lu - jah.

14
Am
F
C
Gsus4
G
S
lu - jah, Hal - le - lu - jah, Hal - le - lu -
A
le - lu - jah, Hal-le - lu - jah, Hal - le - lu-jah, Hal - le - lu -
T
lu - jah, Hal - le - lu - jah, Hal - le - lu -
B
Hal - le - lu-jah, Hal - le - lu-jah, Hal - le - lu -
17
C
Am
G
C
1.-2.
F
G
S
jah! Doo doo mh doo ooh
2. Your
3. But
A
jah! Doo doo doo doo doo mh doo doo doo doo ooh
T
jah! Doo doo doo doo doo doo mh doo doo doo ooh
B
jah! Doo doo doo doo doo ooh

3.
F G C Am
mp
S
ooh 4. May - be there is a God a - bove but
A
ooh 4. May - be there is a God a - bove but
T
ooh 4. May - be there is a God a - bove but
B
ooh 4. May - be there is a God a - bove but
22
C Am F Gsus4 G
all I've ev - er learned from love was how to shoot at some - one who out -

24
C F G C F G
S
drew you. But it's not a cry that you hear at night, it's
A
drew you. Doo doo doo mh ___ you hear at night, it's
T
drew you. Doo doo mh ___ you hear at night,
B
drew you. Doo doo ooh ___
26
Am F G E
S
not some - bo - dy who's seen the light, it's a cold and it's a bro - ken Hal - le -
A
not some - bo - dy who's seen the light, it's a cold and it's a bro - ken Hal - le -
T
some - bo - dy who's seen the light, ___ cold and it's a bro - ken Hal - le -
B
___ who's seen the light, ___ it's a bro - ken Hal - le -
28
Am F
S
lu - jah. Hal - le - lu - jah, Hal - le -
A
lu - jah. Hal - le - lu - jah, Hal -
T
lu - jah. Hal - le - lu - jah, Hal - le -
B
lu - jah. Hal - le - lu - jah,

30
Am
F
S
lu - jah, Hal - le - lu - jah, Hal - le -
A
le - lu - jah, Hal - le - lu - jah, Hal -
T
lu - jah, Hal - le - lu - jah, Hal - le -
B
Hal - le - lu - jah, Hal - le - lu - jah,
32
C
Gsus4
G
1. C
2. C
lu - jah! Ha - le - jah! Doo
le - lu-jah, Hal - le - lu - jah! jah!
lu - - - jah! Ha - le - jah! Doo
Hal - le - lu - jah! jah!
35
Am
G
C
F
G
C
doo doo doo Hal - le - lu - jah!
Doo doo doo doo doo mh doo doo doo doo Hal - le - lu - jah!
doo doo doo doo doo mh doo doo doo Hal - le - lu - jah!
Doo doo doo doo doo Hal - le - lu - jah!

Stille, mein Wille

Text: Catharina A. D. von Schlegel (1697–1768)
Melodie nach Jean Sibelius (1865–1957)
Satz: Sebastian N. Myrus (*1977)

15
S
A
Schmer - zen und Tod. Stil - le, mein Wil - le! Dein
wun - der - bar schien. Stil - le, mein Wil - le! Dein
treu - lich dir gibt. Stil - le, mein Wil - le! Dein
gü - tet das Leid. Stil - le, mein Wil - le! Nach
Still!
(Tenor)
T
B
Schmer - zen und Tod.
wun - der - bar schien.
treu - lich dir gibt.
gü - tet das Leid.
19
Je - sus wird ma - chen glück - li - chen Aus - gang be -
Hei - land wird zei - gen, wie vor ihm Meer und Ge -
Je - sus er - set - zet, was dich beim Ster - ben der
zeit - li - chem Schei - den sehn wir uns wie - der ohn'
glück - li - chen Aus - gang be -
wie vor ihm Meer und Ge -
was dich beim Ster - ben der
sehn wir uns wie - der ohn'
23
denk - li - cher Sa - chen.
wit - ter muss schwei - gen.
Liebs - ten ver - let - zet.
Schmer - zen und Lei - den.
A - men!
denk - li - cher Sa - chen.
wit - ter muss schwei - gen.
Liebs - ten ver - let - zet.
Schmer - zen und Lei - den.
A - men!

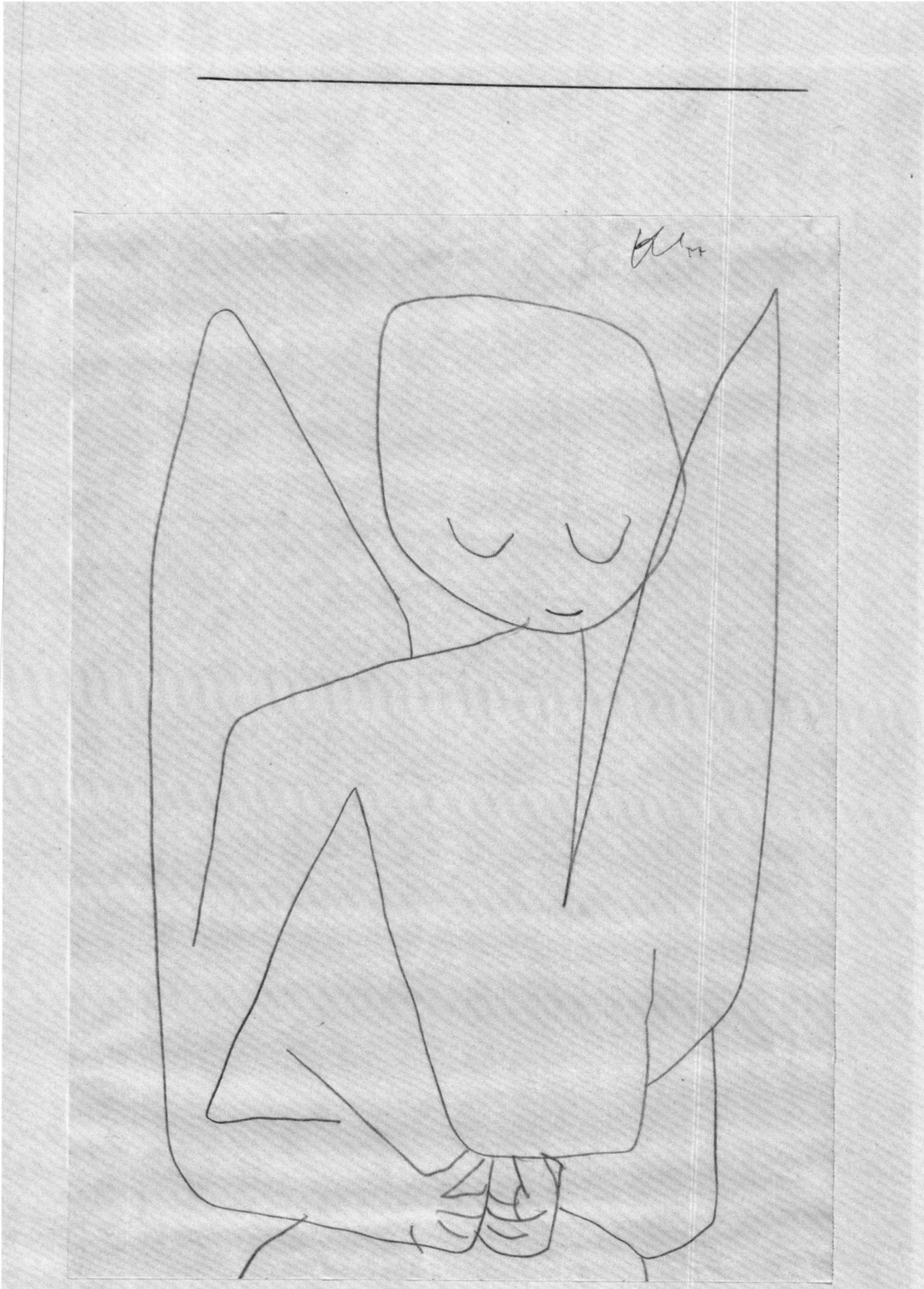

Paul Klee: vergesslicher Engel, 1939, 880; Bleistift auf Papier auf Karton; 29,5 x 21 cm; Zentrum Paul Klee, Bern

Ruhe bei Dir

Text: Johann Hinrich Claussen (*1964)
Komposition: Christian Lahusen (1886–1975)

Neujahrslied

op. 88 Nr. 1

Text: Johann Peter Hebel (1760–1826)
Komposition: Felix Mendelssohn Bartholdy (1809–1847)

S
A
T
B
cresc.
fro - he Fes - te wan - deln sich zur Sei - ten,
und für Hüt - ten Schmerz und Lust im Lo - se,
kom - men wie - der und kein Wunsch wird's wen - den,
cresc.
fro - he Fes - te wan - deln sich zur Sei - ten,
und für Hüt - ten Schmerz und Lust im Lo - se,
kom - men wie - der und kein Wunsch wird's wen - den,
cresc.
Wes - te, ban - ge Sor - gen, fro - he Fes - te
bit - ten, ist für Thro - nen und für Hüt - ten
nie - der, Wol - ken geh'n und kom - men wie - der
dimin.
p
wan - deln sich zur Sei - ten.
Schmerz und Lust im Lo - se.
und kein Wunsch wird's wen - den.
dimin.
p
wan - deln sich zur Sei - ten.
Schmerz und Lust im Lo - se.
und kein Wunsch wird's wen - den.
dimin.
p
wan - deln sich zur Sei - ten.
Schmerz und Lust im Lo - se.
und kein Wunsch wird's wen - den.

S
A
T
B
pp
4. Ge - be denn, der ü - ber uns wägt mit rech - ter Waa -
5. Je - dem auf des Le - bens Pfad, ei - nen Freund zur Sei -
p
cresc.
- ge, je - dem Sinn für sei - ne Freu - den, je - dem
- te, ein zu - frie - de - nes Ge - mü - te und zu
f
sf
p
Mut für sei - ne Lei - den in die neu - en
stil - ler Her - zens - gü - te Hoff - nung ins Ge -
dimin.
pp
Ta - ge, in die neu - en Ta - ge.
lei - te, Hoff - nung ins Ge - lei - te.

Stufen

Text: Hermann Hesse (1877–1962)
Komposition: Carsten Gerlitz (*1966)

6
mp
S
1. Wie je - de Blü - te welkt und je - de Ju - gend dem Al - ter weicht, blüht je - de
2. Wir sol - len hei - ter Raum um Raum durch-schrei - ten, an kei - nem wie an ei - ner
A
Wie je - de Ju - gend dem Al - ter weicht, blüht je - de
Wir Raum durch-schrei - ten, an kei - nem wie an ei - ner
T
Wie je - de Blü - te welkt und Ju - gend dem Al - ter weicht, blüht je - de
Wir sol - len hei - ter Raum um Raum an kei - nem wie an ei - ner
B
Wie Ju - gend dem Al - ter weicht, blüht je - de
Wir Raum an kei - nem wie an ei - ner
9
S
Le - bens - stu - fe, blüht je - de Weis - heit auch und
Hei - mat hän - gen, der Welt - geist will nicht fes - seln
A
Le - bens - stu - fe, blüht je - de Weis - heit auch und
Hei - mat hän - gen, der Welt - geist will nicht fes - seln
T
Le - bens - stu - fe, blüht je - de Weis - heit auch und
Hei - mat hän - gen, der Welt - geist will nicht fes - seln
B
Le - bens - stu - fe, blüht je - de Weis - heit auch und
Hei - mat hän - gen, der Welt - geist will nicht fes - seln

11
S
je - de Tu - gend zu ih - rer Zeit und darf nicht e - wig dau - ern.
uns und en - gen, er will uns Stuf' um Stu - fe he - ben, wei - ten.
A
je - de Tu - gend zu ih - rer Zeit und darf nicht e - wig dau - ern. Das
uns und en - gen, er will uns Stuf' um Stu - fe he - ben, wei - ten. Kaum
T
je - de Tu - gend zu ih - rer Zeit und darf nicht e - wig dau - ern. Das
uns und en - gen, er will uns Stuf' um Stu - fe he - ben, wei - ten. Kaum
B
je - de Tu - gend zu ih - rer Zeit und darf nicht e - wig dau - ern. Das
uns und en - gen, er will uns Stuf' um Stu - fe he - ben, wei - ten. Kaum

14
S
Es muss das Herz bei je - dem Le - bens - ru - fe be -
Kaum sind wir hei - misch ei - nem Le - bens - krei - se und
A
Herz, Le - bens - ru - fe be -
sind Le - bens - krei - se und
T
Herz, das Herz bei je - dem Le - bens - ruf
sind wir hei - misch ei - nem Le - bens - kreis
B
Herz, Le - bens - ruf be -
sind Le - bens - kreis und

16
S
A
T
B
reit zum Ab - schied sein und Neu - be - gin - ne,
trau - lich ein - ge - wohnt, so droht Er - schlaf - fen,
be - reit zum Ab - schied sein um sich in
und trau - lich ein - ge - wohnt, nur wer be -
reit zum Ab - schied sein und Neu - be - ginn.
18
um sich in Tap-fer-keit und oh-ne Trau-ern in an-d're, neu-e Bin-dun-gen zu
nur wer be-reit zu Auf-bruch ist und Rei-se, mag läh-men-der Ge-wöh-nung sich ent-
um sich in Tap-fer-keit und oh-ne Trau-ern Bin-dun-gen zu
nur wer be-reit zu Auf-bruch ist und Rei-se, Ge-wöh-nung sich ent-
Tap - fer-keit und oh-ne Trau-ern in an-d're, neu-e Bin-dun-gen zu
reit zu Auf-bruch ist und Rei-se, mag läh-men-der Ge-wöh-nung sich ent-

21
mf
S
ge - ben. Und je - dem An - fang wohnt ein
raf - fen. Es wird viel - leicht auch noch die
A
ge - ben. Und je - dem An - fang wohnt ein
raf - fen. Es wird viel - leicht auch noch die
T
ge - ben. Und je - dem An - fang wohnt, wohnt ein
raf - fen. Es wird viel - leicht auch noch, noch die
B
ge - ben. Und je - dem An - fang ein
raf - fen. Es wird viel - leicht noch die
23
S
Zau - ber in - ne, der uns be - schützt und der uns hilft, zu
To - des - stun - de uns neu - en Räu - men jung ent - ge - gen -
A
Zau - ber in - ne, uh
To - des - stun - de uh
T
Zau - ber in - ne, uh
To - des - stun - de uh
B
Zau - ber in - ne, uh
To - des - stun - de uh

25
S
le - ben. Und je - dem An - fang wohnt ein
sen - den, des Le - bens Ruf an uns wird
A
le - ben. Und je - dem An - fang wohnt ein
sen - den, des Le - bens Ruf an uns wird
T
An - fang wohnt, wohnt ein
Ruf an uns, an uns wird
B
Und je - dem An - fang wohnt ein
des Le - bens Ruf an uns wird
27
1.
S
Zau - ber in - ne, der uns be - schützt und der uns hilft, zu le - ben.
A
Zau - ber in - ne, schützt der uns hilft, zu le - ben.
T
Zau - ber in - ne, schützt und der uns hilft, zu le - ben.
B
Zau - ber in - ne, schützt der uns hilft, zu le - ben.

30
2.
S
nie - mals en - den... Wohl-an denn, Herz, wohl -
A
nie - mals en - den... Wohl - an, wohl -
T
nie - mals en - den... Wohl - an denn, Herz, wohl -
B
nie - mals en - den... Wohl -
33
rit.
S
an denn, Herz, nimm Ab - schied und ge - sun - de!
A
an denn, Herz, nimm Ab - schied und ge - sun - de!
T
an denn, Herz, nimm Ab - schied und ge - sun - de!
B
an denn, Herz, nimm Ab - schied und ge - sun - de!

Mein Gott, ich will dir singen

Text: Klaus-Martin Bresgott (*1967)
Melodie: Nikolaus Selnecker (1530–1592)
Satz: Johann Crüger (1598–1662)

S
A
T
B
2. Oft kann ich Dich nicht fas - sen, kann
4. Gibst Freun - de mir zur Sei - te, schenkst
doch nicht von Dir las - sen, manch -
Flü - gel für die Wei - te, machst
mal kann ich Dich spü - ren, lass'
Mut für wa - che Stun - den, legst
mich von Dir be - rüh - ren.
Bal - sam auf die Wun - den.
D.C. al Fine
nach Wiederholung (Vers 5)

Herz, Sinn und alles Hoffen

Text: Klaus-Martin Bresgott (*1967)
Komposition: Johann Steuerlein (1546–1613)

für Joachim Gauck zum Abschied am 19. März 2017

Originaltitel: Mit Lieb bin ich umfangen; geistlich: Wie lieblich ist der Maien (Martin Behm, 1557–1622);

Wir sind nur Gast auf Erden

Text, Strophen 1, 2: Georg Thurmair (1909–1984),
Strophen 3 bis 6: Klaus-Martin Bresgott (*1967)
Melodie: Adolf Lohmann (1907–1983)
Satz: Christoph J. Drescher (*1982)

für Wolfgang Niedecken

13
S
A
sind uns ü - ber - las - sen, der Lie - be _ und dem Mut. _ 4. Dem täg-li-chen Be -
T
B
sind uns ü - ber - las - sen, der Lie - be und dem Mut. _ 4. Dem täg - li - chen Be-
18
gin - nen, dem Wir - ken in der Zeit, _ dem Le - ben uns - rer
gin - nen, dem Wir - ken in der Zeit, _ dem Le - ben uns - rer
22
Träu - me in uns - rer _ Wirk - lich - keit. _ 5. Le - ben - di - ge Ge - dan - ken, Res -
(6. sind nur Gast auf Er - den, sie
Träu - me in uns - rer Wirk - lich - keit. _ 5. Le - ben - di - ge Ge - dan - ken, Res -
(6. sind nur Gast auf Er - den, sie
27
pekt und Fan - ta - sie, mit Ei - gen - sinn be - geg - nen Tat -
nährt uns wun - der - bar, be - wah - ren wir das Le - ben der
pekt und Fan - ta - sie, _ mit _ Ei - gen - sinn be - geg - nen Tat -
nährt uns wun - der - bar, _ be - wah - ren wir das Le - ben der _

31
optional
Fmaj7
Em7
S
A
unis.
kraft und Po - e - sie. 6. Wir sind nur Gast auf Er - den, sie nährt uns wun-der-
Zu - kunft im-mer - dar!)
unis.
T
B
kraft und Po - e - sie. 6. Wir sind nur Gast auf Er - den, sie nährt uns wun-der-
Zu - kunft im-mer - dar!)
36
Dbmaj7 Abmaj7 Am7
Fmaj7
Dm7
Gadd2
bar, be - wah-ren wir das Le - ben der Zu-kunft im - mer - dar!
bar, be - wah-ren wir das Le - ben der Zu-kunft im - mer - dar!
41
Fmaj7
Gmaj7
Fmaj7
Gmaj7
Ooh
Ooh
49
Fmaj7
Gmaj7
Fmaj7
rit.
Gmaj7

Hochzeits-Freuden-Kanon

für Matthias und Katrin zum Glückstag am 5. Mai 2018

Text: Klaus-Martin Bresgott (*1967)
nach 1. Korinther 16, Vers 13
Melodie: Traditional

Dem Grund zu

Text: Uwe Kolbe (*1957)
Melodie: Klaus-Martin Bresgott (*1967)

Tears in Heaven

Text: Eric Clapton (*1945), Will Jennings (*1944)
Melodie: Eric Clapton (*1945), Will Jennings (*1944)
Arrangement: Carsten Gerlitz (*1966)

9
F C/E Dm Dm/C B♭ F
S
Would it be the same, if I saw you in heav-
Would you help me stand, if I saw you in heav-
A
Ooh doo doo doo doo doo if I saw you in heav-
Ooh doo doo doo doo doo if I saw you in heav-
T
Ooh Ooh if I saw you in heav-
Ooh Ooh if I saw you in heav-
B
Would it be the same, in
Would you help me stand, in
12
Gm7 C A/C♯ Dm A/C♯ A
S
- en? I must be strong,
- en? I'll find my way,
A
- en, in heav - en? Ooh
- en, in heav - en? Ooh
T
- en, in heav - en? I be strong, I must be
- en, in heav - en? My way, I'll find my
B
heav - en? I must be strong, must be
heav - en? I'll find my way, find my

15
F7
D7
C/E D/F♯ Gm
S
mmh and car - ry on, cause I know, I don't be - long
mmh through night and day, cause I know I just can't stay
A
mmh and car - ry on, cause I know, I don't be - long
mmh through night and day, cause I know I just can't stay
T
strong, and car - ry on, cause I know, I don't be - long
way, through night and day, cause I know I just can't stay
B
strong, and car - ry on, cause I know,
way, through night and day, cause I know
18
C
F
C
Dm Dm/C
B♭
Csus4 C
1. F
S
here in heav - en. doo doo doo doo doo
here in heav - en. doo doo doo doo
A
here in heav - en. doo doo doo doo doo doo
here in heav - en. doo doo doo doo doo
T
here in heav - en. doo doo doo doo doo
here in heav - en. doo doo doo doo
B
don't be - long doo doo doo doo doo doo doo
just can't stay doo doo doo doo doo doo

23
2. F
Ab
Eb/G
Fm7
Bb
Eb
S
doo Time can bring you down, time can bend your knees,
A
doo mmh Time can bring you down, time can bend your knees,
T
doo Time can bring you down, time can bend your knees, your
B
doo Time can bring, can bring you down, time can bend your knees, time can bend your
27
Cm
Bb/D
Eb
Ab
Eb/G
Fm
Bb
S
time can bend your knees Time can break your heart, have your beg - ging please
A
Ooh time can Time can break your heart, have your beg - ging please
T
knees time can Time can break your heart, have your beg - ging please
B
knees, time can break, can break your heart, have your beg - ging please

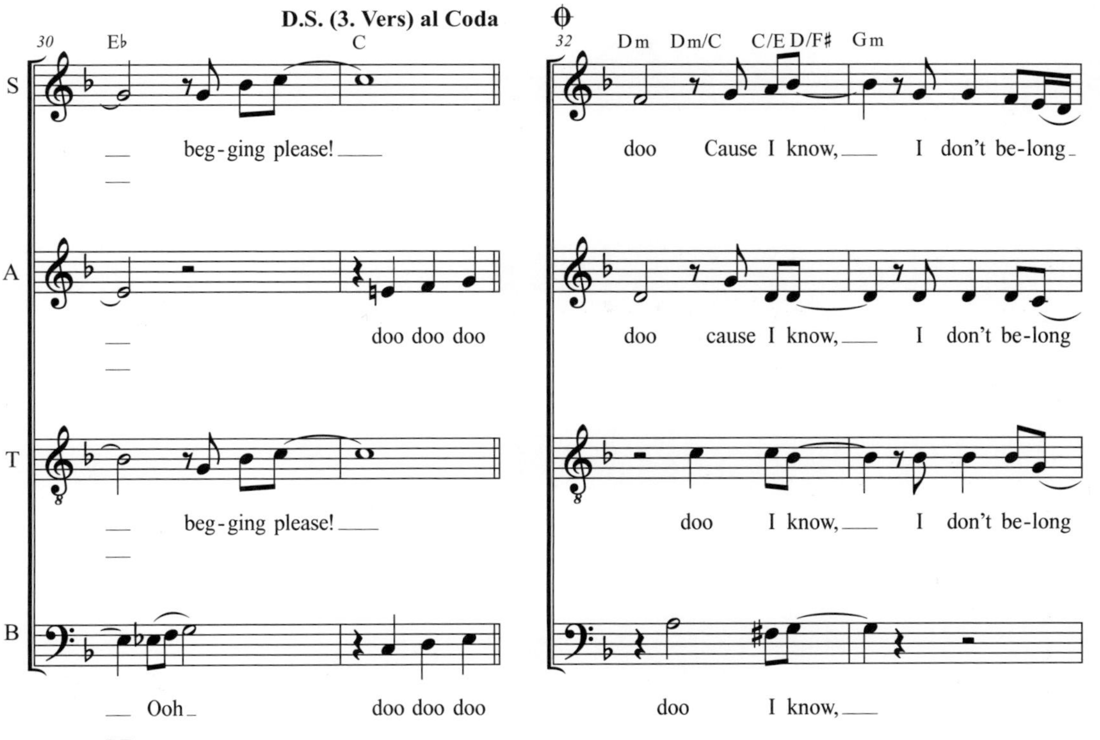
D.S. (3. Vers) al Coda
30 E♭ C
32 Dm Dm/C C/E D/F♯ Gm
S A T B
beg-ging please!
doo Cause I know, I don't be-long
doo doo doo
doo cause I know, I don't be-long
beg-ging please!
doo I know, I don't be-long
Ooh
doo doo doo
doo I know,

34 C F C Dm Dm/C B♭ Csus4 C F
mp
here in heav - en.
doo mmh
here in heav - en.
doo doo mmh
here in heav - en.
doo mmh
don't be-long
doo doo doo doo mmh

Spar Deinen Wein nicht auf ...

Text: Gerhard Schöne (*1952)
Melodie: Gerhard Schöne (*1952)
Arrangement: Christoph J. Drescher (*1982)

Zwischenspiel
ad lib.
14
S
A
T
p
Da-da-da-da,
dro-schen, da hat Dein gu-tes Wort Ge-wicht. Da-da-da-
p
Stroh ge-dro-schen, Dein Wort hat Ge-wicht. Da-da-da-
Stroh, hat Ge-wicht. Da-da-da-da.
18
p
mf
Da-da-da-da. Da-da-da-da, Da-da-da-da. Da, Da-da-da-da.
da. Da-da-da-da. Da-da-da. Da-da-da-da.
p
mf
da. Da-da-da-da. Da, Da-da, Da-da-da-da.
Da-da-da-da. Da-da-da-da. Da-da-da-da. Da-da-da.
23
f
Da-da-da-da-da. Da-da-da-da-da. Da-da-da, Da.
Da-da-da-da. Da, Da-da-da. Da-da,
f
Da-da-da-da. Da-da. Da, Da-da-
Da-da-da. Da-da-da. Da-da-da-
28
pp
p
Spar' Dei-ne Lie-be nicht am
c.f.
Da-da-da-da-da-da-da-da. mmh
pp
da, Da-da-da-da-da.
da. Da-da, mmh

32
Ta - ge, für'n paar Mi-nu-ten in der Nacht. mf Hol' sie aus ih-rer Dun-kel-
uh Hol' sie
Hol' sie aus der
uh Hol' sie
S
A
T
36
rit.
kam - mer, dann zeigt sie ih - re Blü - ten - pracht.
f
raus. Aah.
mf
Dun - kel - kam - mer.
(rit.)
raus. Aah.
39
a tempo
Spar' Dei-nen Mut nicht auf für spä-ter, wenn Du mal ganz was Gro-ßes
mf
c.f.
Spar' nicht an Mut. Spar' nicht an
mp
Spar' nicht an Mut. Spar' nicht an
Spar' nicht an Mut. Spar' nicht an
42
bist. Dein klei - ner Mut hilft al - len wei - ter,
Mut. Dein Mut hilft al - len wei - ter.
Mut. Dein Mut hilft wei - ter.
Mut. Dein Mut hilft.

rit.
a tempo
45
weil täg-lich Mut von-nö-ten ist.
mf
Spar' Dei-nen Wein nicht auf für
S
A
Du
Spar' Dei-nen Wein nicht auf für
(rit.)
Spar' Dei-nen Wein nicht auf für
mf
T
Du.
Spar' Dei-nen Wein nicht auf für
48
Mor-gen,
sind Freun-de da, so schen-ke
f
Mor-gen,
sind Freun-de da, so schen-ke
Mor-gen,
sind Freun-de da, so schen-ke
f
Mor-gen,
schen - ke
50
ein.
Leg' was Du hast in ih-re Mit-te,
ein.
Leg',
leg' was du hast in ih-re
mp
ein.
Leg',
leg' was Du hast in ih-re
ein.
Da - durch wird man
53
durch schen-ken wird man reich al-lein.
rit.
Mi - te,
reich
al - lein.
p
(rit.)
Mit - te,
durch schen-ken wird man reich al-lein.
reich al - lein.

Paul Klee: der Fels der Engel, 1939, 847; Bleistift auf Papier auf Karton; 29,5 x 21,1 cm; Zentrum Paul Klee, Bern

Beim Schlafengehen

Text: Hermann Hesse (1877–1962)
Komposition: Klaus-Martin Bresgott (*1967)

den Chorkindern des Athesinus Consorts
und der Lilienfelder Cantorei Berlin

Unter deinen Flügeln

Text: Gerhard Schöne (*1952)
Melodie: Gerhard Schöne (*1952)
Arrangement: Christoph J. Drescher (*1982)

S
A
Ah Ah Ah Du Du Du
Du Du Du Du; auch in Schwie-rig-kei-ten,
T
B
bist zu al-len Zei-ten, auch in Schwie-rig-kei-ten, wie ein Freund zu mir.
Mmh 4. Nie-mand Dich kann se-hen und doch gibt es Dich.
Du Du Du Du Du
Mmh 4. Nie-mand Dich kann se-hen und doch gibt es Dich.
Mein Ge-fühl, es trügt nicht, und mein Herz, es lügt nicht: Du bist da für mich!
Mein Ge-fühl, es trügt nicht, und mein Herz, es lügt nicht: Du bist da für mich!
pp
Du bist da für mich.
bocca chiusa
pp
Du bist da für mich.

Komm, Trost der Welt

Text: Joseph von Eichendorff (1788–1857)
Komposition: Christian Lahusen (1886–1975)

Guten Abend, gut' Nacht

Melodie: Johannes Brahms (1833–1897)
Satz: Sebastian N. Myrus (*1977)

Text, Strophe 1: Des Knaben Wunderhorn (Clemens Brentano); Strophe 2: Georg Scherer (1828–1909); Strophe 3: Sebastian N. Myrus (*1977)

Ein geistlich Abendlied

Text: Gottfried Kinkel (1815–1882)
Melodie nach Ludwig Senfl (1486–1543)
Satz: Engelbert Humperdinck (1854–1921)

S
A
in die Tha - le sen - ket sich Fins - ter - nis mit
Ro - sen sie ge - schen - ket, hat Dor - nen sie ge -
des Ver - irr - ten den - ket der Hirt auf ho - her
gleich den Ster - nen len - ket er dei - nen Weg durch
T
B
in die Tha - le sen - ket sich Fins - ter - nis mit
Ro - sen sie ge - schen - ket, hat Dor - nen sie ge -
des Ver - irr - ten den - ket der Hirt auf ho - her
gleich den Ster - nen len - ket er dei - nen Weg durch
Macht. bracht, Wacht. Nacht.
Wirf ab, Herz, was dich krän - ket
Macht. bracht, Wacht. Nacht.
Wirf ab, Herz, was dich krän - ket
und was dir ban - - - ge macht!
und was dir ban - - - ge macht!

Impressum

Abgabe an Interessenten ab vier Exemplaren

Herausgeber Klaus-Martin Bresgott und Johann Hinrich Claussen **Redaktion, Bildredaktion** Klaus-Martin Bresgott **Notensatz** Torsten Schlarbaum **Lektorat** Archivservice Kultur Ulrike Feld, Sonja Faulhaber **Gestaltung und Satz** Etc. pp., Ralf Klöden **Druck** Druckteam Berlin **Buchbinder** Reinhart & Wasser **ISMN** 979-0 -000-00231-9

Wir danken allen Verlagen und dem Zentrum Paul Klee Bern für die Zusammenarbeit.

Bibliographische Informationen Die Deutsche Nationalbibliothek verzeichnet diese Publikation in der Deutschen Nationalbibliografie; detaillierte bibliografische Daten sind im Internet abrufbar unter http://dnb.d-nb.de

Weitere Veröffentlichungen Schutzgebühr je Band: 3 Euro, Bestellung per E-Mail: kultur@ekd.de

Sehen lernen
Editionsreihe zur Sakralarchitektur
Herausgeber: Klaus-Martin Bresgott

Die Sprache der Künste in der Welt der Kirche **Nummer 1**

Die Broschüre ist eine Basisfibel in Sachen Sakralarchitektur, leicht verständlich und schafft anhand wesentlicher Merkmale die Möglichkeit erster und vergleichender Orientierung. In alle Epochen des Kirchenbaus – Romanik, Gotik, Renaissance, Barock, Rokoko, Klassizismus, Historismus, Jugendstil, Moderne und Gegenwart – wird mit einem ganzseitigen Beispiel-Foto eingeführt. Illustrierte Definitionen, ein musikalischer Abriss und kurze historische und kulturelle Einführungen vervollständigen das Bild der Zeit.
– 64 Seiten, zahlreiche Illustrationen und Fotos, broschiert

Bilder und Symbole in der Welt der Kirche **Nummer 2**

Die zweite Broschüre geht der Frage nach den Bildern und Symbolen im Kirchenraum auf den Grund. Geschichten und Geschichte spiegeln sich in Abstraktionen und Zeichen – ihre Rätselhaftigkeit ist zugleich ihr Schlüssel. Ihre Codes und Erkennungszeichen bewahren wesentliche Hintergründe. Auch in diesem Band ist für jeden Begriff ein Beispielbild zur Hand. Manche stammen aus Kirchen großer Städte wie Nürnberg, Magdeburg, Lübeck oder Stralsund, manche aus brandenburgischen und mecklenburgischen Dorfkirchen.
– 112 Seiten, zahlreiche Illustrationen und Fotos, broschiert

Werke und Formen in der Welt der Kirche **Nummer 3**

Die dritte Broschüre fragt nach der Arbeit der Erbauer der Kirchen, nach den Materialien und erörtert, warum Holz als heiliges Material verstanden wurde und wofür Eisen schon in mittelalterlichen Kirchen notwendig war. Daneben wird an vielen Beispielen verständlich, warum ein Portal mehr ist als eine Tür, worin sich eine Stadtkirche von einer Klosterkirche unterscheidet, was einen protestantischen Altar ausmacht und wie sich die Gestaltung während der verschiedenen Epochen bis in die Gegenwart hinein ändert.
– 96 Seiten, zahlreiche Illustrationen und Fotos, broschiert